バランスが一番！
家族にやさしいお肉レシピ

はじめに

野菜などとのおいしい組み合わせで食べましょう

　お肉とくに牛肉や豚肉が日常的に日本の食卓に登場するようになってまだ半世紀にも満たないのですが、お肉は今や私たちの食生活に欠かせない食材となりました。
　こうした傾向に、最近の日本人は動物性脂肪を摂り過ぎているのではないかという指摘もありますが、平均すると日本人の1日の動物性脂肪の摂取量は約60gで、アメリカ人の約140gに比べ半分以下となっています。長い年月をかけて培われた食生活のことですから、単純に比較できるものではありませんが、要は植物性脂肪と動物性脂肪のバランスをとることが大事といえます。
　幸い日本は四季や豊かな土壌に恵まれていますので、一年を通してさまざまな野菜や果実、穀類を摂ることができます。本書では、その多彩な食材とお肉を上手に組み合わせた、よりヘルシーなメニューを取り上げてみました。とくに野菜、果実とのマッチングに気をつかったつもりです。
　牛肉や豚肉には、必須アミノ酸が豊富なたんぱく質やビタミンB群、ビタミンA・Eが多く含まれており、また鉄や亜鉛といったミネラルの大事な供給源でもあります。とくにビタミンB1は癒しのビタミンともいわれるほどで、疲労回復に大切であるとともに肩こりや冷え性の予防にも役立ちます。こうした栄養素をバランス良く摂るためにも、牛肉と豚肉に野菜などの多彩な食材を上手に組み合わせ、毎日の食事作りに少しでもお役に立てていただければ幸いです。

2002年4月　赤堀　博美

目　次

1　ササッと作れるスピードメニュー
　牛カルビの香り蒸し　4
　●コラム／アメリカ産食肉の安全品質管理　5
　牛もも肉の包みパン粉焼き　6
　サーロインのカチャトーラ　8
　牛すき焼き丼　10
　牛とトマトのサッと炒め　12
　牛すね肉のウーロン茶煮　14
　チリコンカン　16
　牛肉のゴマ味噌レンジ蒸し　18
　豚焼き肉　19
　ポークピカタ　20
　ヘルシートンカツ　22
　豚と高菜の炊き込みご飯　24
　あったかシチュー　26
　豚薄切り肉の南蛮漬け　28
　豚ロースのぬか漬け焼き　30

2　さっぱり味のお肉メニュー
　ステーキ肉で簡単カルパッチョ　32
　韓国風冷しゃぶ　34
　牛薄切り肉のぬた風　36
　●コラム／牛肉の栄養価　36
　冷しゃぶみぞれ酢和え　38
　豚薄切り肉の唐揚げ（柚子こしょう風味）　40

3　弱った身体にパワーをくれる栄養メニュー
　牛肉薬膳粥　42
　ステーキ茶漬け　44
　エスニック汁ビーフン　46
　牛肉とひじきの卵とじ　48
　牛薄切り肉のおろし煮　50
　牛と豚のスタミナ煮込み　52
　茹で豚のねぎ味噌ソース　54
　豚ヒレ肉の梅肉ソース　56
　豚肉の沢煮椀　58
　豚肉とかぶのスープ　59

4　お肉で美味しいボリュームサラダ＆マリネ
　ローストビーフとオレンジのマリネ　60
　牛肉の生春巻サラダ　62
　ボリュームたっぷり豚タラモ　64
　ガドガドサラダ　66
　豚肉と豆のマリネ　67

5　おもてなしのアイデアメニュー
　牛肉のパイ　68
　イタリアンステーキ　70
　焼き肉炊き込みちらし　72
　牛たたきの巻き巻き前菜　74
　ビビンバアレンジ　76
　牛薄切り肉でロールキャベツ　78
　カルビ肉とレタスのパスタ　79
　豚ヒレ肉の梅干煮　80
　●コラム／豚肉の栄養価　81
　めんつゆで煮豚　82
　ローストポーク　84
　ポークスペアリブ（パパイヤ＆カレー風味）　86
　欲張り生姜焼き　88
　豚バラとレーズンのカレーピラフ　90
　豚肉とゴーヤの炒めもの　92
　豚薄切り肉でカリッと春巻き　93
　●コラム／肉の保存法　94

1　ササッと作れるスピードメニュー

牛カルビの香り蒸し

色鮮やかなパプリカを使ったカラフルな一品。
ハーブの香りでより風味が増します。

材料　4人分

牛カルビ焼き肉用　400g
パプリカ（赤・黄）　各1個
ローズマリー　2枝
タイム　2枝
A ┌ 白ワイン　大さじ1
　 └ コーンスターチ　大さじ1
バター　大さじ1
塩・こしょう　各少々

作り方

① 牛肉に塩・こしょうで下味をつける。
② パプリカは5mm角に切り、ローズマリーとタイムは飾り用を残して葉のみをつみ細かく刻む。
③ 耐熱皿に①を敷き、②と細かくしたバターを散らし、混ぜ合わせたAをかける。
④ ③にラップをして電子レンジで約2分加熱する。皿に盛り、ローズマリーとタイムを飾る。

アメリカ産食肉の安全品質管理 — "Farm to Table（農場から食卓まで）"

アメリカでは政府と畜産業界が互いに連携し、昨今話題となったBSE（狂牛病）をはじめあらゆる疾病防止対策を長年にわたって講じています。何重もの厳しい検査をクリアしたお肉だけがアメリカン・ビーフ、アメリカン・ポークとして食卓に届けられているのです。"Farm to Table（農場から食卓まで）"—それがアメリカンミートのコンセプトです。

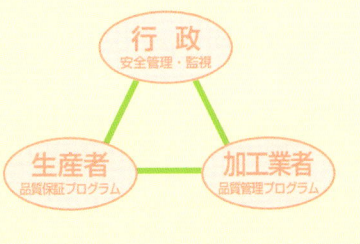

牛もも肉の包みパン粉焼き

肉でチーズと野菜をクルクル巻いて、パン粉をつけて焼き上げます。
レモンをかけて召し上がれ。

材料　4人分

牛もも肉薄切り　400g	A ┌ 卵　2個
塩・こしょう　各少々	│ 牛乳　50cc
スライスチーズ　4枚	└ レモン皮（すりおろし）　大さじ1
にんじん　1/2本	B ┌ パン粉　適宜
いんげん　8本	└ バジル（乾燥）　適宜
	レモン　1個
	イタリアンパセリ　適宜
	バター　60g
	サラダ油　大さじ4

作り方

① にんじんは5cmほどのせん切りにし、いんげんも同じくらいの長さに揃え、軽く下茹でする。
② 塩・こしょうで下味をつけた牛肉に半分に切ったチーズと①をのせ、クルクルと巻く（写真a）。
③ A・Bの材料をそれぞれ混ぜ合わせる。
④ ②に③で混ぜたAとBをつける（写真b）。
⑤ フライパンにバターとサラダ油を熱して、中火でこんがり色づくまで④を焼き、器に盛ってイタリアンパセリとレモンを添える。

a

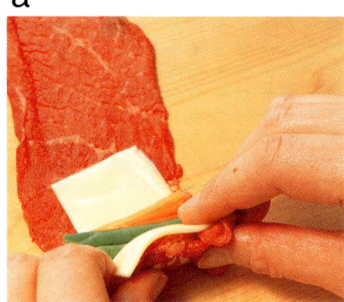

b

サーロインのカチャトーラ

野菜をたっぷり使った煮込み料理です。
煮込む前に肉の表面を焼いて、旨味を封じ込めるのが調理のポイント。

材料　4人分

サーロインステーキ肉　4枚（1枚100g）
塩・こしょう　各少々
小麦粉　大さじ4
玉ねぎ　1個
完熟トマト　2個
　トマト（水煮缶）　1缶
オリーブ油　大さじ1
赤ワイン　1/2カップ
バジル　10枚
塩　少々
飾り用バジル　適宜

作り方

① サーロインは一口大に切り、塩・こしょう、小麦粉をまぶす。
② 玉ねぎは薄切り、完熟トマトは湯むきしてざく切りにする。
③ 鍋にオリーブ油を熱し①を焼く。玉ねぎを加えしんなりしたら完熟トマトとトマト水煮缶を加え潰しながらよく炒める。
④ ③に赤ワインを加え（写真a）、ひたひたにならなければ水を足す。
⑤ 煮汁が2/3ほどになったら（写真b）バジルをちぎり入れ、塩で味をととのえ器に盛り、上にもバジルを飾る。

牛すき焼き丼

市販のすき焼きのたれを使ってスピーディーに仕上げる丼もの。
上にのせる温泉卵がポイントです。

材料　4人分

牛肩ロース肉切り落とし　320g
焼き豆腐　1/2丁
長ねぎ　1本
チンゲン菜　1株
卵　4個
サラダ油　大さじ1
すき焼きのたれ　1 1/2カップ
ご飯　丼4杯分
七味唐辛子　適宜

作り方

① 牛肉は食べやすい大きさに切る。
② 焼き豆腐は縦半分に切ってから、1cm厚さに切る。
③ 長ねぎは4cm長さに切り、チンゲン菜は4つ割りにしてから5〜6cm長さに切る。
④ フタ付きの丼に卵を入れて熱湯を注ぎ（写真）12〜13分置いて、温泉卵を作る。
⑤ 鍋に油を熱して、①をさっと炒め、②と長ねぎも加えてすき焼きのたれを注ぐ。煮立ったらチンゲン菜も加えてしばらく煮る。
⑥ 丼に炊きたてのご飯を盛り、⑤の煮汁を少しかけ、具を彩り良く盛り付け、温泉卵をのせる。好みで七味唐辛子を振る。

牛とトマトのサッと炒め

にんにくの風味が効いた炒めもの。トマトとターツァイで彩りもバッチリです。

材料　4人分

牛バラ肉薄切り　300g
酒　大さじ1
ターツァイ　200g
トマト　2個
にんにく　1片
長ねぎ（みじん切り）　大さじ2
A ┌ オイスターソース　大さじ2
　├ しょうゆ　小さじ2
　├ 酒　大さじ1
　├ 砂糖　大さじ1/2
　└ 塩・こしょう　各少々
サラダ油　大さじ4

作り方

① 牛肉は食べやすい大きさに切り、酒を振る。
② ターツァイは大きめの斜め切りにし、トマトは皮を湯むきしくし形に切る。にんにくは薄切りにする。
③ フライパンにサラダ油半量を熱して牛肉を入れ、強火で手早く炒め、肉の色が変わったら取り出す。
④ 残りのサラダ油を足して、にんにく、長ねぎを焦がさないように炒め、ターツァイ、トマトを加えてさっと炒め合わせる。
⑤ 牛肉を戻し入れて、合わせておいたAを加え（写真）、全体にからめながら炒める。

牛すね肉のウーロン茶煮

牛すね肉の煮込み料理。ウーロン茶を使うとさっぱりとやわらかく仕上がります。

材料　4人分

牛すね肉ブロック　400g
A ┌ 酒・しょうゆ　各大さじ1
大根　1/2本
長ねぎ　1本
生姜　1片
干ししいたけ　4枚
サラダ油　大さじ3
B ┌ 砂糖・紹興酒　各大さじ2
　 └ しょうゆ　大さじ2 1/2
C ┌ 砂糖・紹興酒　各大さじ1
　 └ しょうゆ　大さじ1 1/2
D ┌ しいたけの戻し汁 ┐ 合わせて3カップ
　 └ ウーロン茶　　 ┘
にんにくの芽　適宜

a

b

作り方

① 牛すね肉は一口大のブツ切りにし、Aで下味をつけておく。大根は大きめの乱切りにする。長ねぎは3〜4cm長さのブツ切り、生姜は薄切り、干ししいたけは戻しておく。
② 鍋に半量のサラダ油を熱し、肉の表面を焼き、一度皿に取り出しておく。
③ ②の鍋に残りのサラダ油を足し、長ねぎ、生姜を炒め、香りを出す。さらに肉を戻し入れBを加え、まぶしつけるように炒めたら（写真a）、Dを注ぎ煮立てる。
④ 表面に浮いたアクを丁寧に取り除き（写真b）、落としブタをして中火で約10分煮込む。
⑤ ④に大根、干ししいたけ、Cを加え、再び落としブタをして弱火で約20分煮込み、器に盛って茹でて食べやすく切ったにんにくの芽を散らす。

チリコンカン

スパイスがお肉の旨味を引き立て、豊かな香りが食欲をそそります。
お好みのスパイスでアレンジも可能。

材料　4人分

牛もも肉ブロック　300g
小麦粉　大さじ3
にんにく　1片
ピーマン　1個
水　1/2カップ
トマト（水煮缶）　1缶
ガルバンゾービーンズ（水煮缶）　1缶（250g）
サラダ油　大さじ1
A ┌ クミン　小さじ1
　├ カイエンヌペッパー　小さじ1
　├ オレガノ　少々
　└ 塩・こしょう　各少々
黒砂糖　適宜

作り方

① 牛もも肉は1cm角に切る。にんにくはみじん切り、ピーマンは種を取り粗みじん切りにする。
② 鍋にサラダ油を熱し肉を炒め、色が変わったらAを加え炒める。
③ ②に小麦粉を加えて全体になじませ、にんにくを加えて2〜3分炒める。
④ ③に水とトマト缶を加え、潰しながら煮立てアクを取る。
⑤ ④にとろみが出てきたらガルバンゾービーンズを加え（写真）混ぜ、黒砂糖で味をととのえ器に盛り、ピーマンを散らす。

牛肉のゴマ味噌レンジ蒸し

電子レンジで作る簡単料理。ゴマ味噌が味の決め手です。

材料　4人分

牛肩ロース肉薄切り　250g
ししとう　12本
長ねぎ（白髪ねぎ）　5cm長さ
A ┌ 白すりゴマ　大さじ1
　├ 味噌　大さじ3
　├ 酒・みりん　各大さじ1
　├ 砂糖　大さじ1 1/2
　└ ゴマ油　小さじ1
白すりゴマ　適宜

作り方

① 牛肉は一口大に切る。
② ししとうは隠し包丁を入れる（写真）。
③ ボールにAの材料を入れてよく混ぜ、①を加えてしっかりと揉んで下味をつける。②も加えてさっとからめておく。
④ 耐熱皿に③の肉を並べてラップをし、電子レンジで約3分加熱する。一度取り出して混ぜ、ししとうを加えて更に2分加熱して器に盛り、白髪ねぎを天盛りにして白すりゴマを散らす。

豚焼き肉

いつもの焼き肉を豚肉で。野菜といっしょにサンチュにくるんで食べましょう。パプリカを使うと彩りもきれいです。

材料　4人分

豚肩ロース肉焼き肉用または生姜焼き用　400g
玉ねぎ　1/2個
さつまいも　1/2本
パプリカ（赤）　1/2個
キャベツ　1/3株
サンチュ　1パック
A ┌ コチュジャン　大さじ3
　├ ゴマ油　大さじ1
　├ しょうゆ　小さじ2
　├ 白ゴマ　小さじ1
　└ 酢　大さじ2

作り方

① 玉ねぎは半月切り、さつまいもは5cmほどのせん切り、パプリカは細切り、キャベツはせん切りにする。
② Aの材料を混ぜ合わせ、タレを作る。
③ ホットプレートに油をひき、肉、野菜を焼き、サンチュにくるんでタレをつけて食べる。

ポークピカタ

粉チーズとパセリの衣を付けて作ります。お弁当のおかずにも最適。

材料　4人分

豚ヒレ肉　350g
塩・こしょう　各少々
A ┌ 卵　2個
　 ├ 粉チーズ　大さじ2
　 └ パセリ（みじん切り）　大さじ1
小麦粉　適宜
サラダ油　大さじ1
ブロッコリー　1/2株
にんじん　10cm長さ

作り方

① 豚肉は1cm厚さに切り、叩いて（写真）塩・こしょうをする。
② Aを混ぜて衣を作る。
③ 豚肉に小麦粉をまぶし、両面に②の衣をつける。フライパンを熱してサラダ油を入れ、焼き上げる。
④ にんじんは星型に抜き、ブロッコリーは小房に分け塩茹でにする。
⑤ 器に③を盛り、④を添える

ヘルシートンカツ

カロチンやビタミンが豊富なかぼちゃを薄切り肉にはさんでトンカツに。
野菜嫌いの人にもおすすめです。

材料　4人分

- 豚ロース肉薄切り　300g
- 小麦粉　少々
- かぼちゃ　150g
- 塩・こしょう　各少々
- 玉ねぎ　1/4個
- A ┌ 小麦粉　適宜
  ├ 溶き卵　1個分
  └ パン粉　適宜
- 揚げ油　適宜
- トマト　1/2個
- レモン　1/2個
- エンダイブ　適宜

作り方

① 豚肉は広げて小麦粉をまぶす。
② かぼちゃは種とわたを除いて一口大に切り、電子レンジで約3分加熱する。皮を除きつぶして（写真a）塩・こしょうを加え、更にレンジで加熱したみじん切りの玉ねぎも加え混ぜる。
③ ①に②を塗るように広げ、3～4枚肉を重ね（写真b）Aを順につけ、170℃の
④ 油できつね色に揚げる。
器に③を盛り、くし形に切ったトマト、レモンとエンダイブを添える。

a

b

豚と高菜の炊き込みご飯

高菜と豚肉がベストマッチ！
ご飯を炊く前に高菜と豚肉をゴマ油で炒めるのが美味しくするポイントです。

材料　4人分

豚肩ロース肉切り落とし　150g
高菜漬け　100g
A ┌ しょうゆ　大さじ1 1/2
　├ 酒　大さじ1
　├ 砂糖　小さじ1/2
　├ 塩　小さじ1/2
　└ 生姜（すりおろし）　小さじ1
ゴマ油　大さじ1
米　2カップ
水　2カップ
糸唐辛子　適宜

作り方

① 米はといで、ザルにあげておく。
② 高菜は粗みじん切りにする。
③ 豚肉は1cm幅に切り、Aで下味をつける。
④ 鍋にゴマ油を入れ熱し、③を炒める。豚肉に火が通ったら、②を加え、更に炒める。火から下ろし、粗熱をとる。
⑤ 炊飯器に分量の米と水を入れ、④を加え（写真）炊く。
⑥ 茶碗に盛り、糸唐辛子をのせる。

あったかシチュー

豚肉とたっぷりの野菜で作る簡単シチューです。これ一品で栄養もたっぷり。
アツアツのうちにどうぞ。

材料　4人分

豚ロース肉薄切り　300g
塩・こしょう　各少々
玉ねぎ　1個
にんじん　1本
じゃがいも　2個
スイートコーン（ホール缶詰）　50g
バター　大さじ3
小麦粉　大さじ2
牛乳　3カップ
固形スープの素　2個
パセリ（みじん切り）　適量

作り方

① 豚肉は食べやすく切り、塩・こしょうで下味をつける。玉ねぎは2cm角の色紙切りにする（写真a）。
② にんじんとじゃがいもは皮をむいてにんじんは半月切り、じゃがいもは8等分くらいに切り、耐熱容器に入れてラップをかけ、電子レンジで2～3分加熱する。
③ 鍋にバターを熱して豚肉を炒め、焼き色がついたら、玉ねぎを加えてよく炒める。玉ねぎがしんなりしたら、小麦粉を加えて（写真b）焦がさないように炒め合わせる。
④ ③に牛乳を加えて溶けのばし、スープの素を加えて溶かしながら混ぜ合わせる。にんじん、じゃがいもを加えて15分ほど煮、コーンを加え、野菜がやわらかくなったら塩・こしょうで味をととのえ器に盛り、パセリを散らす。

a 　b

豚薄切り肉の南蛮漬け

揚げた豚肉をお酢を使って味付けします。
お酢は旨味のもとであるアミノ酸を増やすので、美味しさがアップ。

材料　4人分

豚ロース肉薄切り　300g
塩　少々
小麦粉　適宜
A ┬ 酢　1/4カップ
　├ しょうゆ　1/4カップ
　├ 酒　大さじ2
　├ 砂糖　大さじ1
　├ 赤唐辛子（小口切り）　1本分
　└ 柚子の皮（せん切り）　少々
揚げ油　適宜
万能ねぎ（小口切り）　適宜

作り方

① 豚肉を一口大に切って塩を振り、小麦粉をまぶし中温の油で揚げる。
② Aを合わせ、南蛮酢を作る。
③ ①の豚肉を②の南蛮酢に漬ける。
④ 器に盛り、万能ねぎを散らす。

豚ロースのぬか漬け焼き

ぬか床に豚肉を漬けて焼くだけの簡単メニュー。
豚肉のビタミンB₁がさらに強化され、ご飯にもよく合います。

材料　4人分

豚ロース肉トンカツ用　4枚
ぬか床　適量
サラダ油　大さじ1
大根　適宜
ブロッコリースプラウト　適宜

作り方

① 豚肉は筋切りをし、ぬか床に30分漬けておく（写真）。
② 大根は4cm長さのせん切りにして水に放し、水気をきってスプラウトと合わせる。
③ フライパンにサラダ油を熱し、①を焼く。
④ ③を食べやすく切って皿に盛り、②を添える。

2 さっぱり味のお肉メニュー

ステーキ肉で簡単カルパッチョ

おもてなしの前菜にもなるお肉を使った簡単カルパッチョ。
オリーブオイルをかけてお召し上がりください。

材料　4人分

牛サーロインステーキ肉　2枚
塩・こしょう　各少々
ルッコラ　6株
プチトマト　4個
オリーブ油　大さじ1
粗びき黒こしょう　少々
サラダ油　少々

作り方

① 牛サーロイン肉は塩・こしょうして、サラダ油を熱したフライパンで強火で両面焼き、レアの焼き加減にする。
② ①をアルミホイルで包み（写真）、粗熱がとれたら斜め薄切りにして器に並べ、ざく切りにしたルッコラと4つ割りにしたプチトマトを散らし、オリーブ油をまわしかけ、粗びき黒こしょうを振りかける。

牛肉＆豚肉の主な部位

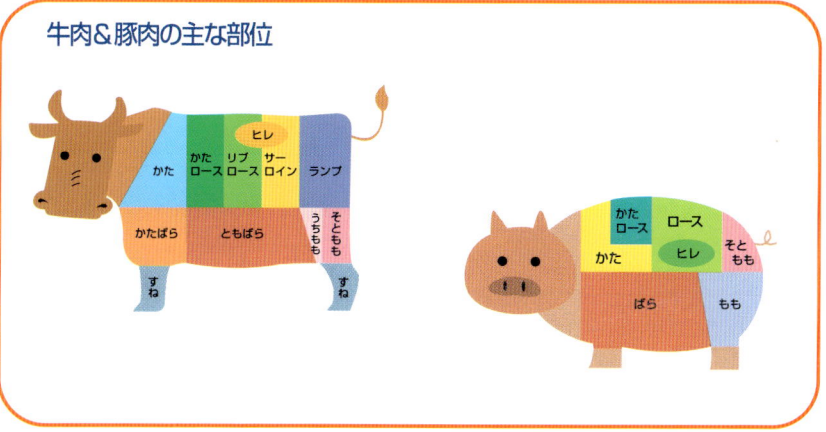

韓国風冷しゃぶ

牛肉を使った冷しゃぶ。コチュジャンやゴマを使って韓国風にアレンジしました。

材料　4人分

牛バラ肉薄切りしゃぶしゃぶ用　400g
卵　2個
きゅうり　1本
にんじん　1/3本
大葉　8枚

A ┌ コチュジャン　大さじ2
　 │ 味噌　大さじ2
　 │ ゴマ油・しょうゆ　各大さじ1 1/2
　 │ 白ゴマ　大さじ2
　 │ 砂糖　大さじ1/2
　 └ 酒　大さじ1

作り方

① 牛バラ肉は熱湯に通し、すぐに冷水にとり（写真）水気をきる。
② 卵は卵黄と卵白に分け、それぞれ薄焼き卵を作り、4cm長さのせん切りにする。
③ きゅうり、にんじんは4cm長さのせん切りにし、水に放す。
④ 器に大葉、水気をきった③と①、②を盛り、よく混ぜ合わせたAを添える。

牛薄切り肉のぬた風

薄切り肉でわけぎを巻いて、酢みそをかけて食べます。
お酒にも合う和風の一品です。

材料　4人分

牛肩ロース肉薄切り　300g（約12枚）
わけぎ　1束
A ┌ 白味噌　大さじ4
　├ 酢　大さじ2
　├ 砂糖　大さじ2
　└ だし汁　大さじ2

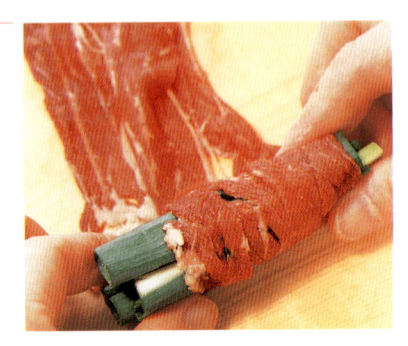

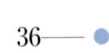

作り方

① わけぎは肉の幅に合わせて切りそろえておく。
② 牛肉1枚に①のわけぎをのせ、端からわけぎを芯にしてクルクル巻いていく（写真）。
③ お湯を沸かし②をさっと茹でる。
④ ③を切って器に盛り、よく混ぜたAをかける。

牛肉の栄養価

牛肉には海藻や野菜などに含まれる植物性鉄分（非ヘム鉄）より吸収されやすい動物性鉄分（ヘム鉄）が豊富に含まれており、貧血や冷え症に効果抜群。また、筋肉や皮膚といった体の基礎をつくるために必要な良質のたんぱく質、美容と健康に役立つビタミンB群も豊富です。

■アメリカン・ビーフの鉄分含有量
（100gあたり）資料:USDA
肩ロース	=3.1mg
サーロイン	=2.9mg
ヒレ	=3.0mg

■鉄分の一日の成人所要量
資料:厚生労働省
| ♂男性 | =10mg |
| ♀女性 | =12mg |

37

冷しゃぶみぞれ酢和え

豚肉を大根おろしと春菊、しめじといっしょに和えました。
さっぱりしているので、たくさん食べられます。

材料　4人分

豚バラ肉しゃぶしゃぶ用　300g
塩　小さじ1
酒　大さじ2
春菊　1/2束
しめじ　1パック
大根　1/3本
A ┌ しょうゆ　大さじ2
　└ 酢・レモン汁　各大さじ1/2

作り方

① たっぷりの湯を沸かして塩と酒を加え、豚肉を1枚ずつ広げてくぐらせ、冷水にとってから水気をきり、食べやすい大きさに切る。
② 春菊は葉をつむ。しめじは小房に分け、それぞれさっと茹でておく。
③ 大根はすりおろし、軽く水気をきって（写真）、Aと混ぜ合わせる。
④ ①、②を③で和え、盛り付ける。

39

豚薄切り肉の唐揚げ（柚子こしょう風味）

柚子こしょうの風味が食欲をそそります。
薄切り肉で作ることで調理時間を節約。味もよくしみ込みます。

材料　4人分

豚もも肉薄切り　250g
A ┌ 酒・しょうゆ　各大さじ1
　 └ 生姜絞り汁　小さじ2
小麦粉　少々
揚げ油　適宜
にんじん　1/3本
絹さや　12枚
B ┌ 酢　1/3カップ
　 │ 砂糖・しょうゆ　各大さじ1
　 │ 柚子こしょう　小さじ1
　 └ 塩　少々
柚子の皮　適宜

作り方

① 豚肉は1枚を半分に切り、Aで下味をつけておく（写真）。
② にんじんは4cm長さの短冊切りにし、絹さやは筋を除いて、それぞれ色良く茹でる。
③ ①に小麦粉を薄くまぶし、180℃の油でカラッと揚げる。
④ Bの調味材料を混ぜ合わせる。
⑤ ④に②と③を加えて、さっと和えて器に盛り、せん切りにした柚子の皮を天盛りにする。

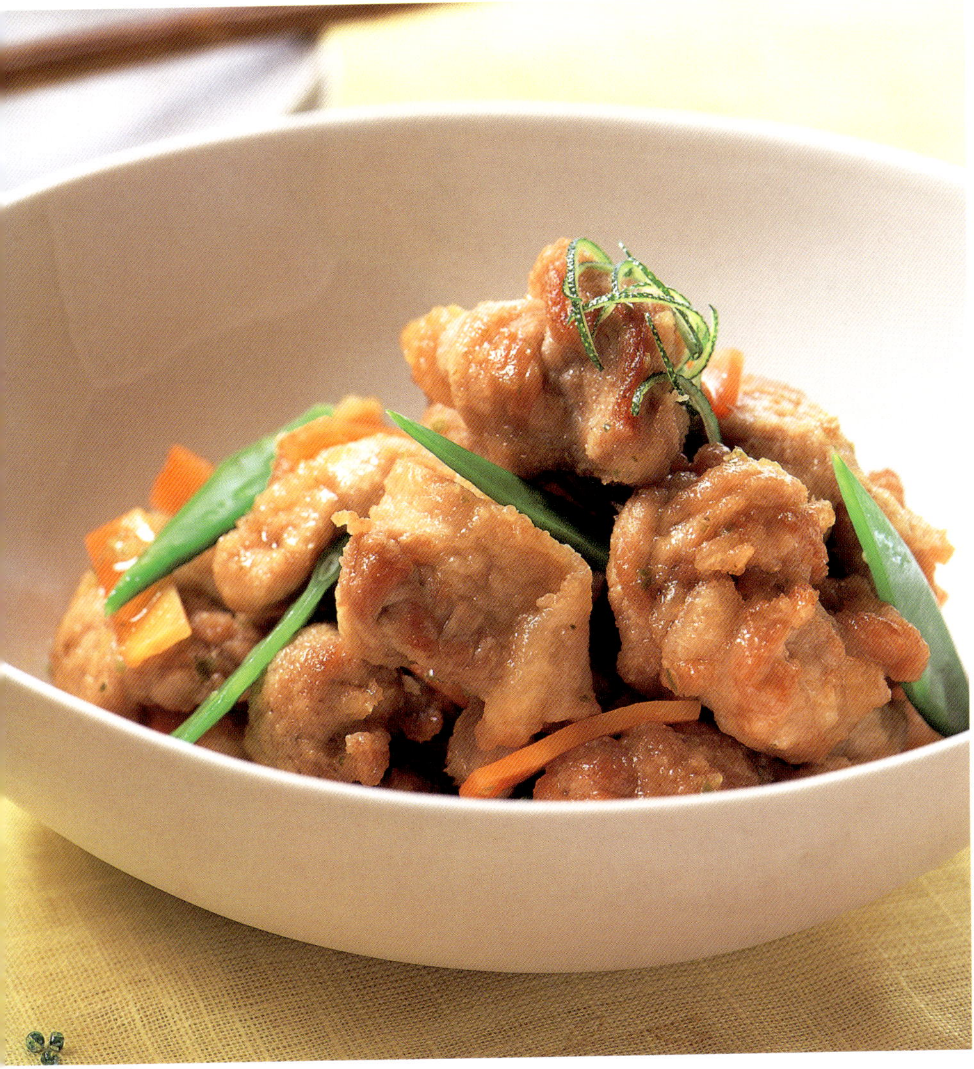

3 弱った身体にパワーをくれる栄養メニュー

牛肉薬膳粥

肉の良質タンパク質と発芽玄米のビタミン、ミネラルが疲労回復に一役買ってくれるメニューです。

材料　4人分

牛バラ肉ブロック　300g
ニラ　1/2束
発芽玄米　100g
塩・こしょう　各少々
水　6カップ
ゴマ油　少々
クコの実　適宜

作り方

① 牛バラ肉は1×3cmに切り、ニラは4cm長さに切る。
② 鍋に水と発芽玄米を入れて（写真）強火で炊き、煮立ったら弱火にして30分程やわらかくなるまで炊く。
③ フライパンにゴマ油を熱し①を加えて炒め、塩・こしょうで味をととのえる。
④ 器に②を盛り、③をのせ、クコの実を散らす。

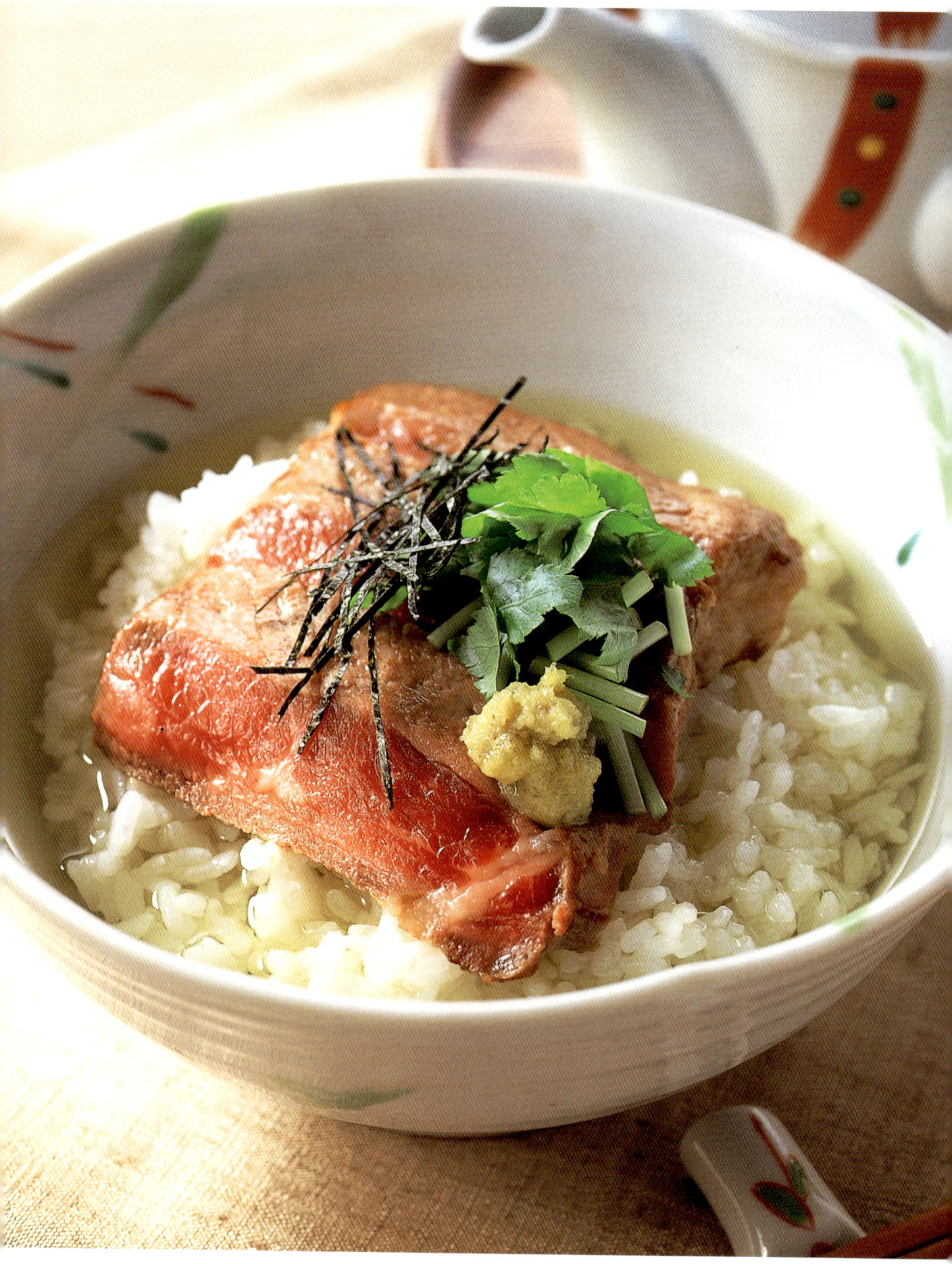

ステーキ茶漬け

お茶漬けにステーキ肉をのせてさっぱりと。
のりやわさびなど、薬味を添えると一層美味しくなります。

材料　4人分

サーロインステーキ肉　2枚
塩・こしょう　各少々
しょうゆ　小さじ1
白飯　茶碗4杯分
三つ葉　4本
海苔　適宜
本わさび　適宜
煎茶　適量

作り方

① サーロインステーキは焼く直前に塩・こしょうをする。
② テフロン加工のフライパンを熱し、①を盛る面から焼き、両面焼く。しょうゆを鍋肌に入れて（写真）香りをつける。
③ 三つ葉は1cm長さに切る。②はそぎ切りにする。
④ 茶碗に温かいご飯を盛り、牛肉をのせて三つ葉を散らす。熱い煎茶を注ぎ、松葉に切った海苔とわさびを添える。

エスニック汁ビーフン

ビーフンを使った消化に良い一品です。
鶏ガラスープを使ってあっさり味に仕上げました。

材料　4人分

ビーフン　300g
牛カルビ肉焼き肉用　200g
もやし　1/2袋
赤玉ねぎ　1/4個
パプリカ（黄）　1/4個
香菜　適宜
鶏ガラスープ　5カップ
A ┌ 塩　小さじ1
　├ 砂糖　大さじ2
　└ ナンプラー　大さじ2
レモン　適宜
赤唐辛子　適宜

作り方

① 鶏ガラスープに牛肉を入れ煮る。煮立ったら牛肉を取り出し（写真）Aで味をつける。
② もやしはヒゲ根を取ってさっと水洗いする。赤玉ねぎは薄くスライスし、パプリカは細切りにしておく。
③ ビーフンをたっぷりの湯で茹で、茹で上がったら熱いうちに器に盛り、その上に牛肉、もやし、赤玉ねぎ、パプリカを盛り合わせ、①のスープを注ぎ、レモンを搾り入れる。好みで赤唐辛子と香菜を散らす。

牛肉とひじきの卵とじ

高たんぱくの肉と卵、ミネラルの豊富なひじきで栄養たっぷり。
朝ごはんにも最適な簡単メニューです。

材料　4人分

牛肩ロース肉薄切り　200g
ひじき（乾燥）　20g
玉ねぎ　1/2個
卵　4個
三つ葉　12本
A ┌ だし汁　1カップ
　├ みりん　大さじ2
　├ しょうゆ　大さじ2
　└ 酒　大さじ2

作り方

① 牛肉は食べやすい大きさに切る。ひじきはたっぷりの水につけて戻し、ザルにあげて水気をきる。玉ねぎは薄切りにする。
② 鍋にAを煮立て、①を加えて煮る。
③ 肉に火が通ったら、卵をほぐして流し入れ（写真）、ざく切りにした三つ葉を散らしフタをして、卵が半熟になったら火を止める。

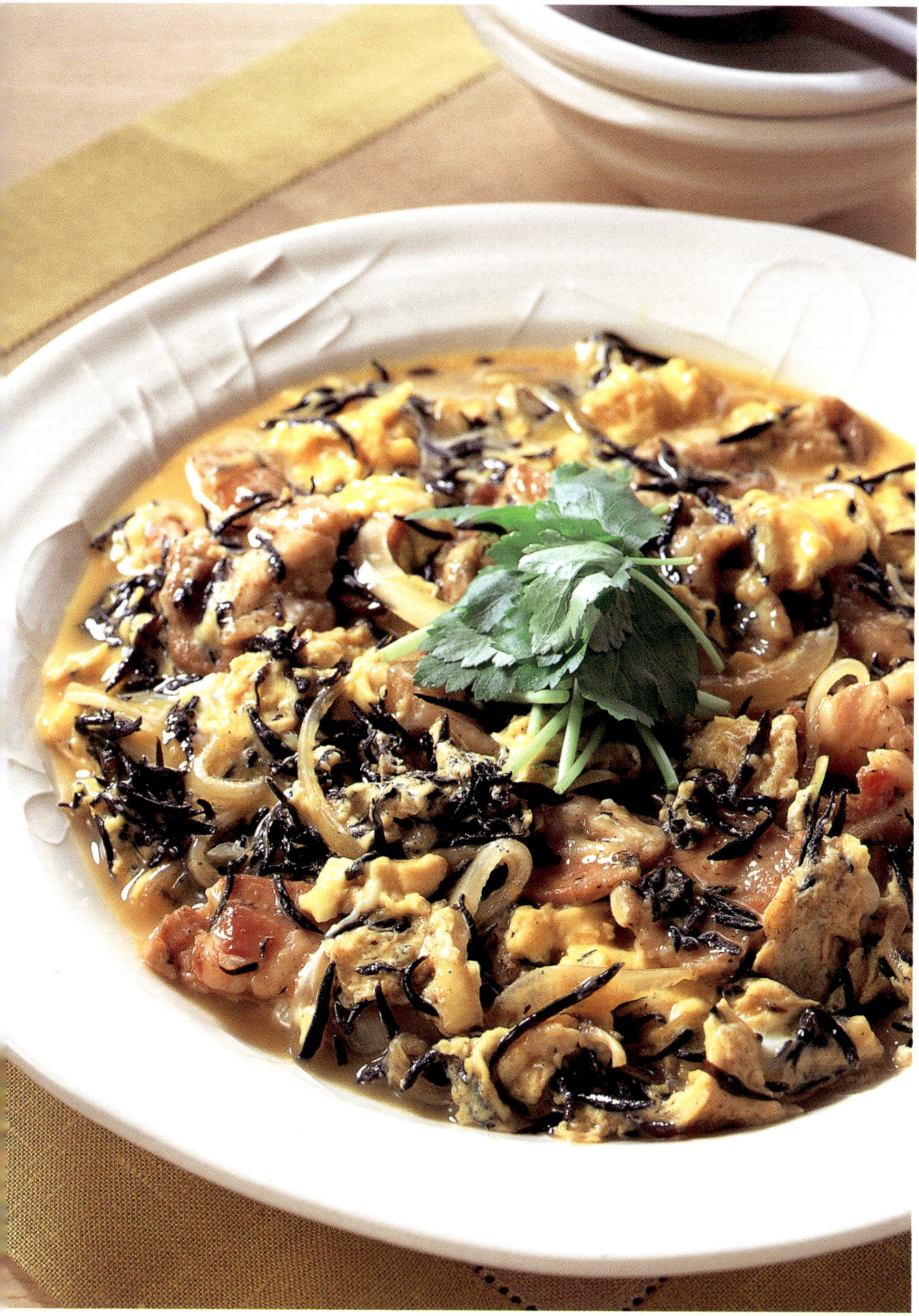

牛薄切り肉のおろし煮

消化促進の働きをする酵素を壊さないよう、大根おろしは温める程度にサッと火を通しましょう。

材料　4人分

牛バラ肉薄切り　300g
A ┌ 酒　大さじ1
　├ しょうゆ　大さじ1
　└ 生姜絞り汁　小さじ1/2
サラダ油　大さじ1
大根　1/2本
万能ねぎ（小口切り）　適宜
B ┌ だし汁　3/4カップ
　├ みりん　大さじ2
　└ しょうゆ　大さじ2
七味唐辛子　適宜

作り方

① 牛肉は食べやすい大きさに切り、Aをからめ下味をつける。大根はすりおろし、軽く水気をきる。万能ねぎは小口切りにする。
② フライパンに油を熱し、牛肉を焼く。
③ 鍋にBを合わせて煮立て、牛肉を入れてひと煮立ちさせる。大根おろしを全面に広げて加え（写真）温める程度に火を通し、器に盛って万能ねぎと七味唐辛子を散らす。

牛と豚のスタミナ煮込み

牛肉と豚肉の両方を使った煮込み料理。
鉄分とビタミンB_1が一度にとれる、スタミナアップメニューです。

材料　4人分

牛カルビ肉　300g
豚肩ロース肉　300g
A ┌ にんにく（つぶして）　4片
　 │　しょうゆ　大さじ4
　 │　酢　大さじ2
　 │　カレー粉　大さじ2
　 │　ローリエ　2枚
　 └　こしょう　少々
水　4カップ
玉ねぎ　1/2個
フリルレタス　適宜

作り方

① 豚肩ロース肉は2×3cm角に切る。
② ボールにAの材料を合わせ、牛カルビ肉と①を加えてよく揉んで下味をつけておく。
③ 玉ねぎは2cm角に切る。
④ 鍋に②を漬け汁ごと加え（写真a）、水と③も加えて中火で約40分、煮汁がほとんどなくなるまで煮込む（写真b）。
⑤ 器にフリルレタスを敷いて④を盛る。

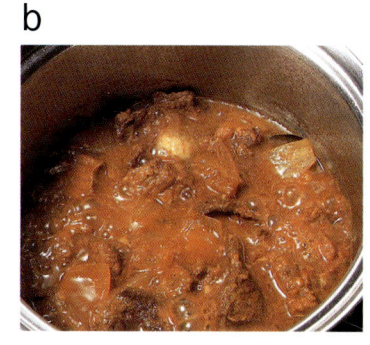

a

b

茹で豚のねぎ味噌ソース

あっさりした茹で豚に香り豊かなねぎのソースをかけて。
美味しさも栄養も倍増します。

材料　4人分

豚肩ロース肉ブロック　300g
キャベツ　2枚
きゅうり　1本
にんじん　1/3本
ワカメ　40g
長ねぎ　1/3本
A ┌ 味噌・砂糖・酢　各大さじ3
　├ だし汁　大さじ2
　├ みりん　大さじ1
　└ 白すりゴマ　大さじ2

作り方

① 豚肉を20〜30分茹でる。茹で汁のまま冷まし、5mm幅にスライスする。
② キャベツは茹でて短冊切りにする。
③ きゅうりは細かい切り目を両側から入れて蛇腹切りにし（写真）、塩少量を入れた水にしばらく漬け、しんなりしたら一口大に切る。
④ にんじんは5mm厚さに切り、型で抜いて茹でる。
⑤ ワカメは水につけて戻し、一口大に切る。
⑥ みじん切りにした長ねぎとAを合わせておく。
⑦ 器に豚肉と野菜を盛り、⑥のソースをかける。

豚ヒレ肉の梅肉ソース

食欲がないときでも食べやすい、さっぱり味のメニューです。
梅のクエン酸は消化を促し、食欲を増進させます。

材料　4人分

豚ヒレ肉　300g
山芋　小1本
塩・こしょう　各少々
長ねぎ　1本
揚げ油　適宜
梅干し　大4個
A ┌ 酢・みりん　各大さじ1
　├ しょうゆ　小さじ1
　└ だし汁　大さじ4
サラダ油　大さじ2

作り方

① 豚ヒレ肉は1cm弱の厚さに切り、塩・こしょうを振っておく。山芋は皮をむいて1cm弱の厚さの輪切りにする。
② 梅干しは種を除き、包丁でよく叩いてペースト状にしAを混ぜる（写真a）。
③ 長ねぎは細切りにし、160℃の油でさっと揚げる（写真b）。
④ フライパンにサラダ油を熱し、①を並べ強火で焼き、冷ましておく。
⑤ 器に④を盛り③をのせる。梅肉ソースをかけていただく。

豚肉の沢煮椀

野菜と豚肉を使った具だくさんでバランスのよい汁もの。
豚肉のだしがおいしさの秘訣です。

材料　4人分

豚もも肉薄切り　150g	A ┌ 塩　小さじ3/4
ごぼう　1/5本	├ 酒　大さじ1
にんじん　1/3本	└ 薄口しょうゆ　小さじ2
しいたけ　3枚	長ねぎの青い部分　少々
こんにゃく　1/4枚	
だし汁　4カップ	

作り方

① ごぼう、にんじん、しいたけ、こんにゃくは4cm長さの細切り、豚肉も細切りにする。
② 鍋にだし汁を入れて煮立ったら、①の野菜と肉を入れ、煮えたらAの調味料を入れ味付けをする。
③ 椀に盛り、細く切った長ねぎを散らす。

豚肉とかぶのスープ

豚肉と昆布の入った沖縄風のスープです。かぶのミネラルと豚肉のビタミンB_1が新陳代謝を促進、体の中からきれいにしてくれます。

材料　4人分

豚バラ肉ブロック　300g	水　4カップ
かぶ　4個	切り昆布　20g
にんじん　1本	塩・こしょう　各少々
セロリ　1本	サラダ油　大さじ1

作り方

① 豚バラ肉は1cm厚さに切り、さらに食べやすい一口大に切る。塩・こしょうをしておく。
② かぶは茎を少し残して皮をむいてくし型に、にんじんとセロリは5cm長さのまき割りに切る。
③ 鍋にサラダ油を熱し、①をきつね色に焼きつけ、水と切り昆布を加えてアクを取りながら約10分煮る。
④ ③に②を加えて弱火で約15分煮て、器に盛る。

4　お肉で美味しいボリュームサラダ&マリネ

ローストビーフとオレンジのマリネ

冷たくして食べるさっぱりとしたマリネです。オレンジは、季節によってグレープフルーツやハッサクに代えてもいいでしょう。

材料　4人分

牛もも肉ブロック　500g
塩　小さじ1
こしょう　少々
オレンジ　2個
ペコロス　2個
A ┌ 酢・油　各1/2カップ
　├ 砂糖　小さじ2
　└ 塩　小さじ1/2
ディル　適宜

作り方

① 牛肉に塩をすり込み、タコ糸で縛り形を整える（写真）。
② 魚焼き用のグリルに入れ、強火で20分程焼く。途中、表面がこげてきたらホイルで包む。
③ オレンジは皮をむいてくし形に切り、ペコロスは薄い輪切りにし、合わせたAにつける。
④ 焼き上がった牛肉はホイルに包んだまま冷まし、5mm厚さに切って③につける。冷蔵庫で30分程冷やし、ディルを添える。

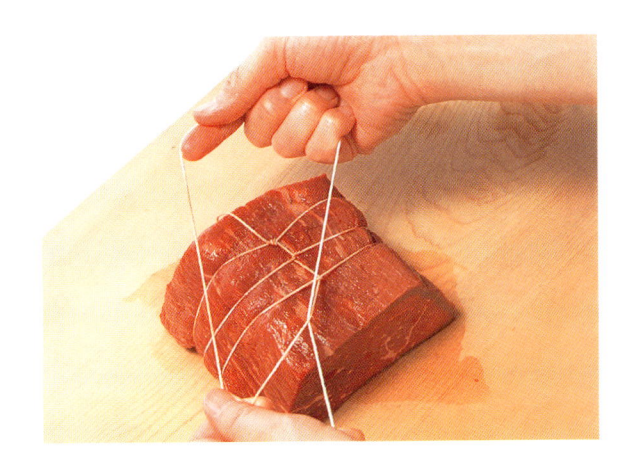

牛肉の生春巻サラダ

牛肉と新鮮な生野菜をライスペーパーでまいて出来上がり。
食べる直前にまくのがおいしさのコツです。

材料　4人分

- 牛カルビ肉焼き肉用　300g
- 塩・こしょう　各少々
- ライスペーパー（直径22cm）　8枚
- サニーレタス　4枚
- 大葉　4枚
- 春雨　80g
- 長ねぎ　適宜
- ニラ　8本
- ピーナッツ（砕いたもの）　適宜

A ┬ ナンプラー　大さじ2
　├ 水・酢　各大さじ1 1/2
　├ 砂糖　大さじ1
　└ ライム絞り汁　大さじ1 1/2

B ┬ 練りゴマ　大さじ2
　├ ナンプラー　大さじ2
　├ 水　大さじ1 1/2
　└ 砂糖・酢　各大さじ1

作り方

① ライスペーパーは1枚ずつ水にさっとくぐらせ、濡れ布巾にはさんでおく（写真a）。
② 春雨は熱湯で茹でて水気をきり、食べやすい長さに切っておく。
③ 牛カルビ肉に塩・こしょうを軽く振り、フライパンで両面をさっと焼く。
④ サニーレタスは5mm幅のざく切り、大葉はせん切りにする。
⑤ ①のライスペーパーを広げ、中央にレタスをのせ、その上に細切りにしたねぎ、大葉、②、③、適当な長さに切りそろえたニラをのせ、ピーナッツを振って巻く（写真b）。
⑥ A、Bのタレの材料をそれぞれ混ぜ合わせる。
⑦ ⑤を器に盛り、⑥の2種類のタレを添える。

a

b

ボリュームたっぷり豚タラモ

豚肉の入ったタラモサラダをチコリにのせて。
休日のブランチメニューにも最適です。

材料　4人分

豚もも肉薄切り　200g
じゃがいも　3個
たらこ　2腹
レモン汁　少々
A ┌ マヨネーズ　大さじ3
　├ 粒マスタード　大さじ1
　└ 塩　少々
チコリ　適宜

作り方

① 豚肉は茹でて一口大に切る。たらこは一口大に切ってレモン汁を振る。
② じゃがいもは皮つきのままやわらかく茹で、熱いうちに皮をむく。
③ ②をフォークで1個を4等分ぐらいに割って（写真）ボウルに入れ、①も加える。
④ ③にAを加えじゃがいもが熱いうちに和える。チコリを添えてチコリにのせていただく。

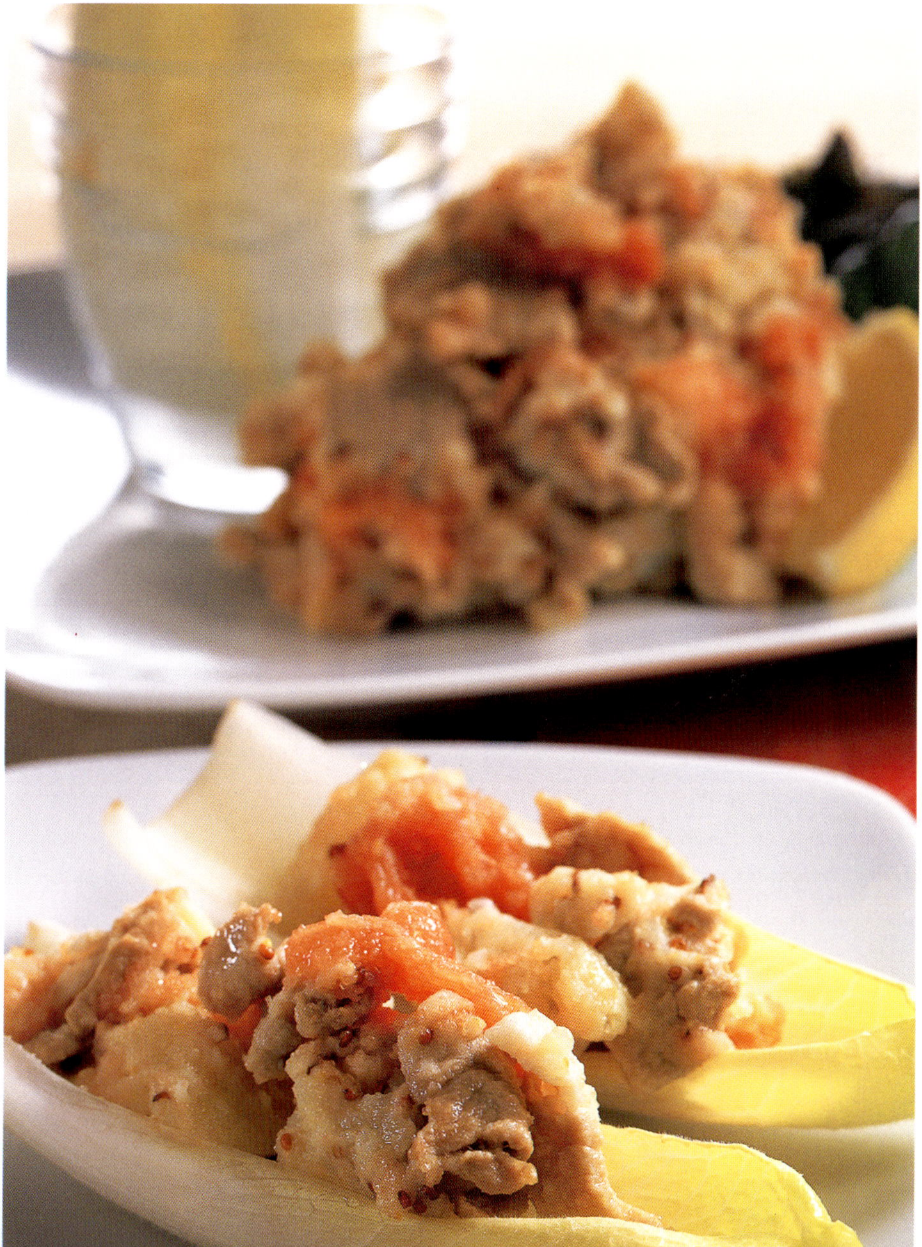

ガドガドサラダ

お肉のたんぱく質、体に良いピーナッツの油分、ビタミンCが一度に摂れる欲張りサラダ。ボリュームがあるのでおかずにもなります。

材料　4人分

- 牛肩ロース肉薄切り　300g
- サラダ油　大さじ1
- じゃがいも　2個
- ブロッコリー　1株
- トマト　2個

A ┌ ピーナッツバター（無糖）　100g
　├ 砂糖　大さじ1/2
　├ しょうゆ　大さじ2
　└ 酢　大さじ2

作り方

① 牛肉は4cm幅に切る。油を熱したフライパンで牛肉をさっと焼く。
② じゃがいもは皮をむき1cm角に切り、ブロッコリーは小房に分け、それぞれ茹でておく。
③ ①と②をよく混ぜたAで和える。
④ 器に半月切りにしたトマトを敷き、③を盛る。

豚肉と豆のマリネ

低カロリーで、ビタミンやミネラルを豊富に含む豆を使ったマリネ。美容にも効果あり！

材料　4人分

豚ヒレ肉　200g
大豆・キドニービーンズ・ガルバンゾー・枝豆（茹でたもの）　合わせて150g
玉ねぎ　1/6個

A ┌ オリーブ油　大さじ3
　 │ レモン汁　大さじ1
　 │ 白ワイン　大さじ2
　 └ 塩・こしょう　各少々
サラダ油　大さじ1
塩・こしょう　各少々

作り方

① 豚肉は1.5cm角に切り、塩・こしょうをする。
② フライパンに油を熱し、①の豚肉を焼く。
③ 玉ねぎをみじん切りにしてさらす。
④ 合わせたAに②、③、豆類をつけ込み、皿に盛る。

5 おもてなしのアイデアメニュー

牛肉のパイ

普通の素材を使っておもてなし料理に仕上げます。
薄切り肉を巻くとボリューム感が出ます。

材料　4人分

牛もも肉薄切り　300g
ほうれん草　1/2束
玉ねぎ　1個
パプリカ（黄）　1個
にんじん　1/2本
バター　大さじ3
生クリーム　1カップ
塩・こしょう・サラダ油　各少々
冷凍パイシート　1枚
卵白　少々
卵黄　1個分

a

b

作り方

① ほうれん草はさっと茹でて5cmに切る。玉ねぎ、パプリカ、にんじんも同様に細切りにする。
② 牛肉は塩・こしょうで下味をつけ、クルクルと巻き、テフロンのフライパンで焼いてとり出す。
③ ②のフライパンにバターを熱し、①の野菜をソテーし、塩・こしょうで味をととのえる。
④ ③のフライパンに②を入れ、生クリームを注ぎ入れ（写真a）、中火で煮立たせる。
⑤ オーブン用器に④を入れる。
⑥ 器の縁に卵白を塗り、大きさを合わせたパイシートをかぶせ（写真b）指で押さえとめ、表面に卵黄を塗る。
⑦ オーブンを170℃に熱し、約40分焼く。

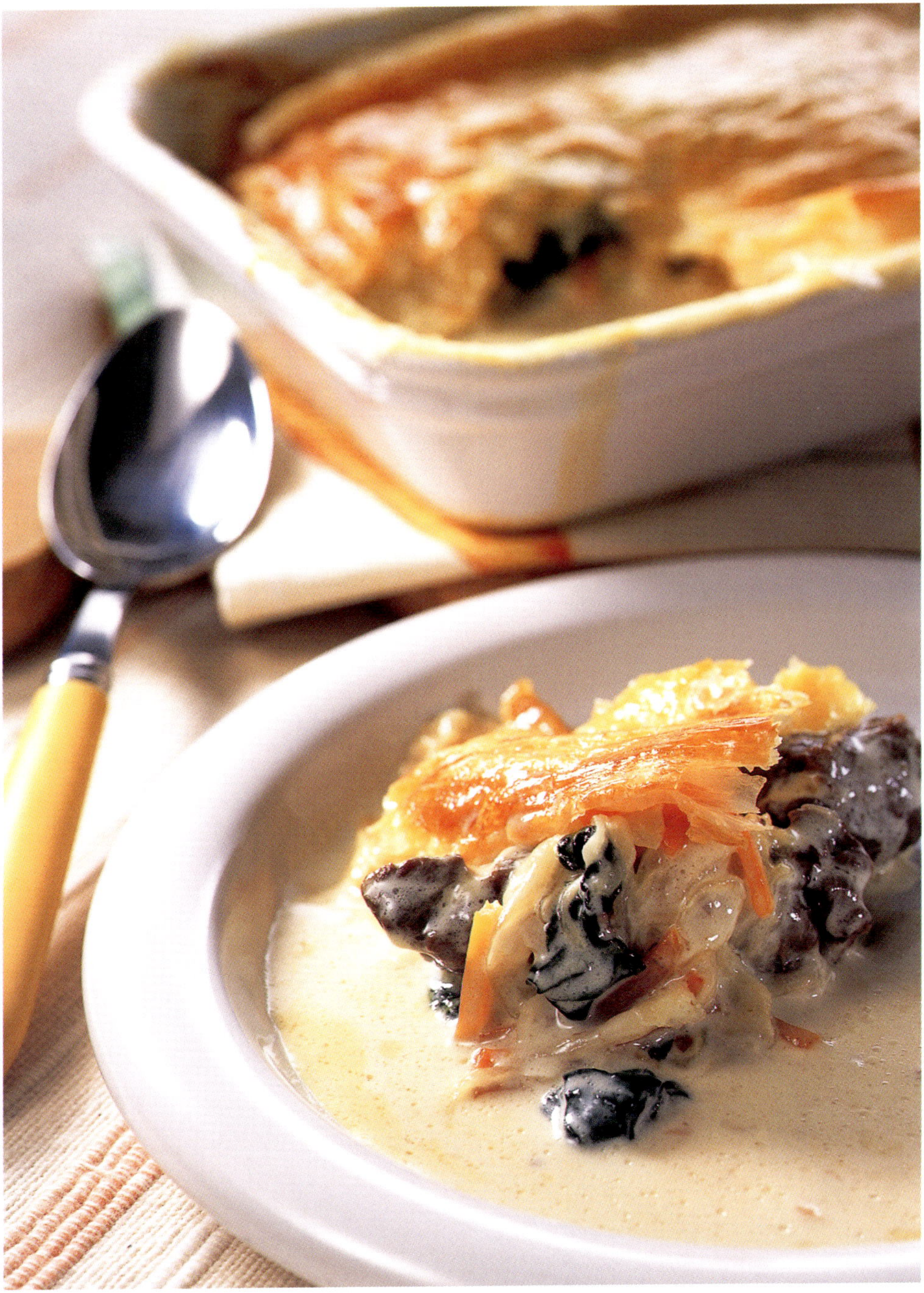

イタリアンステーキ

にんにくとエシャロットの香り豊かなステーキ。
仕上げにチェダーチーズをふりかけます。

材料　4人分

牛サーロインステーキ肉　4枚（1枚100g）
パプリカ（粉末）　少々
塩・こしょう　各少々
オリーブ油・バター　各大さじ2
A ┌ にんにく（みじん切り）　小さじ1
　├ エシャロット（みじん切り）　大さじ4
　└ パセリ（みじん切り）　大さじ1
赤ワイン　大さじ4
B ┌ パセリ（みじん切り）　少々
　└ チェダーチーズ（シュレット）　40g
玉ねぎ　1個
プチトマト　12個
バター　大さじ2
クレソン　適宜
塩・こしょう　各少々

作り方

① 牛肉は塩・こしょうで下味をつけ、パプリカをまぶす（写真a）。
② フライパンにオリーブ油、バターを熱し、肉を焼く。片面を色良く焼いたらAを振りかけ裏返し（写真b）、更に赤ワインを振り入れ、好みの焼き加減に焼き、器に盛ってBを振りかける。
③ ②のフライパンにバターを熱し、半月切りにした玉ねぎとプチトマトを焼き、塩・こしょうで味をととのえ、クレソンとともにつけ合わせる。

a

b

焼き肉炊き込みちらし

すし酢と肉は、ごはんが熱いうちに手早く混ぜ込みましょう。
味つけには市販の焼き肉のタレを利用します。

材料　4人分

牛肩ロース肉薄切り　300g
焼き肉のタレ（市販）　適量
米　3カップ
水　3カップ
酒　大さじ2
干ししいたけ　3枚
かんぴょう　10g
高野豆腐　1/2枚

昆布　5cm角
にんじん　1/3本分
すし酢　┌酢　大さじ4
　　　　├砂糖　大さじ5
　　　　└塩　小さじ2
白ゴマ　大さじ3
サラダ油　大さじ1

作り方

① 牛肉は一口大に切り焼き肉のタレに漬ける。
② 乾物類は濡れ布巾で湿らせる。干ししいたけはせん切り、かんぴょうは2cm長さに切り、高野豆腐は5mm角、昆布はせん切りにする。にんじんは細切りにする。
③ 洗った米と水を炊飯器に入れ②も加えて30分置き、炊飯する。
④ ご飯が炊き上がったら飯台にあけ、すし酢をかけしゃもじで切るように混ぜ（写真）、真ん中にまとめて人肌に冷ます。
⑤ フライパンにサラダ油を熱し①を焼く。④に焼き肉と白ゴマを加え混ぜる。
⑥ ⑤を茶碗に盛り、白ゴマを散らす。

牛たたきの巻き巻き前菜

肉の赤身をきれいに出すため、表面を焼いたらすぐ氷水に入れましょう。
冷たくしておもてなしの一品にも。

材料　4人分

牛もも肉塊　300g
塩・こしょう　各少々
サラダ油　少々
セロリ　5cm長さ
ブロッコリースプラウト　1/2パック
ラディッシュ　5個
あさつき　1束
A ┌ だし汁　1/3カップ
　├ 酒・みりん　大さじ1
　├ しょうゆ　大さじ2
　└ ゴマ油　小さじ2
生姜（すりおろし）　大さじ1

作り方

① 牛肉は塩・こしょうする。
② フライパンを熱して薄くサラダ油を塗り、肉をのせて強火で焼く。返しながら全面に焼き色をつけて（写真）、指で押して弾力があるくらいに火が通ったら、氷水に取って熱をとり、水気を拭き取っておく。
③ セロリ、ラディッシュはせん切り、スプラウトは根を切り落とし半分の長さに切る。あさつきも5cm長さに切る。
④ ②の肉を薄切りにしてAを合わせたタレにさっとくぐらせ、③の野菜を巻いて器に盛り、おろし生姜を添える。

ビビンバアレンジ

ご飯はもちろん、パンにも麺にもよく合うビビンバ。タレを作り置きしておけば、残り野菜ですぐできます。

材料　4人分

牛カルビ肉焼き肉用　400g
A ┌ 大豆もやし　1/2袋
　├ 絹さや（筋を取る）　20枚
　└ 糸唐辛子　適宜
ゴマ油　大さじ3
B ┌ にんにく（すりおろし）　2片分
　├ 酒　大さじ4
　├ しょうゆ　大さじ4
　└ 砂糖　大さじ1
白ゴマ　大さじ2

作り方

① フライパンにゴマ油を熱し、牛肉を炒め、Aを加えてさっと炒め合わせる。
② ①にBを加え、さらに炒め、ゴマを加える。
③ 器に②を盛り、お好みでご飯、麺、パンと合わせていただく。

牛薄切り肉でロールキャベツ

薄切り肉を使うことで、中まですばやく火が通ります。
中身は別の野菜でアレンジしてもOK！

材料　4人分

牛ロース肉薄切り　300g
キャベツ　16枚
にんじん　1/2本
いんげん　4本
塩・こしょう　各少々
スープ　6カップ
トマト（水煮缶）　2個
ローリエ　2枚
A ┌ トマトケチャップ　大さじ2
　 └ 塩・こしょう　各少々

作り方

① 牛肉に塩・こしょうで下味をつける。
② キャベツはさっと茹でて粗熱をとり、芯はそいで薄くする。
③ にんじんは5cmほどの拍子木切りに、いんげんもそれに合わせ、さっと茹で粗熱をとる。
④ ③を牛肉で巻き、更にそれを2個ずつキャベツの葉で包む（写真）。
⑤ 鍋に④を並べ、スープ、種を取ってざく切りにしたトマト、ローリエを入れて火にかける。
⑥ 煮立ったらアクを取り、フタをして弱火で20分煮る。Aで味を整える。

カルビ肉とレタスのパスタ

カルビ肉とレタスは炒めすぎないのがコツ。
半熟卵を上にのせて、味もいろどりもアップ。

材料　4人分
牛カルビ肉焼肉用　200g
スパゲッティ　300g
レタス　1/2玉
A ┌ 赤唐辛子（輪切り）　1本分
　 └ にんにく（みじん切り）　大さじ1
オリーブオイル　大さじ1
卵　2個
B ┌ しょうゆ　少々
　 └ 塩・こしょう　各少々
パセリ（みじん切り）　少々

作り方
① 肉は細く切る。レタスはさっと洗い、大きめにちぎる。
② 卵を半熟に茹でておく。
③ 鍋に塩（分量外）を入れスパゲッティを茹でる。
④ フライパンを熱しオリーブオイルでAを炒め、香りがたったら肉を入れ炒める。ここへレタスを加え炒める。
⑤ ③と④を炒め合わせ器に盛り、半分に切った半熟卵をのせパセリを散らす。

豚ヒレ肉の梅干煮

酸っぱさ控え目なので梅の酸味が苦手な人も食べられます。
夏バテで食欲がない時などにおすすめ。

材料　4人分

豚ヒレ肉　400g
A ┌ 卵　1個
　├ 塩・こしょう　各少々
　└ 片栗粉　1/2カップ
揚げ油　適宜
B ┌ 梅干し（種を除く）　大4個
　└ 砂糖　大さじ5
C ┌ 酒　大さじ2
　├ トマトケチャップ　大さじ2
　├ しょうゆ　大さじ3
　└ スープ　1/2カップ
すだち　1個

作り方

① 豚ヒレ肉は一口大に切りAを加えて混ぜる。
② 揚げ油を中温に熱し、①を入れて表面がカリッとなるまで揚げる。
③ ボウルにBを合わせ、つぶすようにしながら混ぜる（写真）。
④ ホーロー鍋にCを入れて煮立て、③を加えて弱火で煮る。
⑤ ④に②を加えて汁気がなくなるまで煮て器に盛り、輪切りにしたすだちを添える。

豚肉の栄養価

　豚肉は、加熱調理してもこわれにくいビタミンB₁が豊富。ビタミンB₁は肩こり、冷え症、疲労回復などに効果的な栄養素です。また豚肉の脂質にはリノール酸などの不飽和脂肪酸の占める割合が多いため、コレステロール値は低め。大豆を上回る理想的なたんぱく質、ミネラルも多く含まれ、脳の活性化や老化予防にも効果があるといわれています。

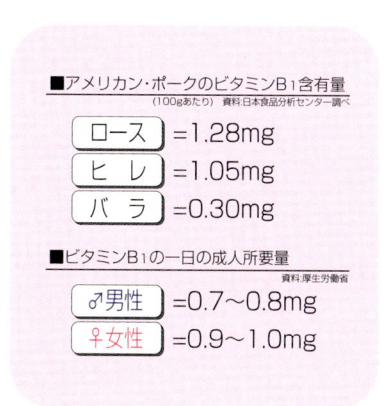

■アメリカン・ポークのビタミンB₁含有量
（100gあたり）資料:日本食品分析センター調べ

ロース	=1.28mg
ヒ レ	=1.05mg
バ ラ	=0.30mg

■ビタミンB₁の一日の成人所要量
資料:厚生労働省

| ♂男性 | =0.7～0.8mg |
| ♀女性 | =0.9～1.0mg |

めんつゆで煮豚

市販のめんつゆと電子レンジを活用したアイデアメニュー。
レンジから出した後、つゆごと冷ますと豚肉に味がしみ込みます。

材料　4人分

豚肩ロース肉ブロック　300g
ゆで卵　2個
長ねぎ（青い部分）　1本分
生姜　1片
めんつゆ（濃縮タイプのものは水を加えて）　2カップ

a

b

作り方

① 豚肉は熱湯にさっと通して霜降りにする（写真a）。
② 耐熱ボウルに①と長ねぎ、薄切りにした生姜、めんつゆを加えてラップをし、電子レンジで約10分加熱する。
③ ②を裏返し（写真b）、ゆで卵を加えてさらに2分加熱し、そのまま冷ます。
④ 器に③の肉をスライスして盛り、くし形に切ったゆで卵を添える。

ローストポーク

肉に調味料をよくすり込むのがおいしさの秘訣です。
カリウムやカルシウムがたっぷり詰まったプルーンのソースをかけて。

材料　4人分

豚ロース肉ブロック　500g
サラダ油　大さじ1
A ┌ 塩　大さじ1/2
　├ こしょう　少々
　├ にんにく（すりおろし）　1片分
　├ チャービル（みじん切り）　大さじ1
　└ バジル（みじん切り）　大さじ1
にんじん　1/4本
玉ねぎ　1/4個

B ┌ 種なしプルーン　100g
　├ レモン汁　大さじ1
　├ レモンの皮（すりおろし）　大さじ1/2
　├ クローヴ　4粒
　├ シナモン・オールスパイス・ナツメグ
　│ （粉末）　各少々
　├ 水　3/4カップ
　├ 砂糖　大さじ6
　└ 赤ワインビネガー　1/4カップ

作り方

① 豚肉全体にAをすり込み（写真a）、タコ糸で縛り形を整える。
② フライパンに油を熱し、①の肉の表面に焼き色をつけ、オーブンの天板にのせる。上からフライパンに残った油をかけて200℃のオーブンで15分焼く。
③ 天板の上ににんじん（薄切り）、玉ねぎ（くし型切り）を敷き、その上に②をのせ、時々肉汁をかけながら180℃で15〜20分焼く。
④ Bの材料でプルーンソースを作る。ホーロー鍋に砂糖と赤ワインビネガー以外の材料を入れ、約15分弱火で煮る。煮詰まったらクローブを取り出す。
⑤ ④をフードプロセッサーにかけ、ピューレにする。それを鍋に戻し、砂糖と赤ワインビネガーを加える。かき混ぜながらソースが滑らかになるまで弱火で煮る（写真b）。
⑥ ③で焼き上がったローストポークを薄く切り、ソースを添える。

a

b

ポークスペアリブ（パパイヤ&カレー風味）

消化に良いパパイヤと食欲そそるカレー風味のスペアリブ。パパイヤが肉をやわらかく、骨離れよく仕上げます。ほかの果物やジュースで代用もOK。

材料　4人分

ポークスペアリブ　1kg
塩・こしょう　各少々
A ┌ パパイヤ（裏ごし）　1/2個分
　├ しょうゆ　大さじ1
　├ 粒マスタード　大さじ1
　└ 塩・こしょう　各少々
B ┌ 玉ねぎ（すりおろし）　1/4個
　├ にんにく（すりおろし）　1片分
　├ カレー粉　小さじ2
　├ ウスターソース　大さじ1
　└ 塩・こしょう　各少々
クレソン　1/2束
ライム　適宜

作り方

① スペアリブは熱湯で4〜5分茹で、水気をきって塩・こしょうする。
② A、Bをそれぞれよく混ぜ合わせて①を半量ずつ加えてからめ、約20分置いて下味をつけておく。
③ 200℃に温めておいたホットプレートに②をのせ、②のつけだれを塗りながら両面を焼く（写真）。
④ ③を皿に盛り、スライスしたライムとクレソンを添える。

欲張り生姜焼き

肉で野菜を巻いて一口大に。野菜嫌いの子どもも食べやすく見栄えも良いので、おもてなしだけでなくお弁当にも最適です。

材料　4人分

豚肩ロース肉生姜焼き用　8枚
A ┌ しょうゆ　大さじ3
　├ 酒・みりん　各大さじ2
　└ 生姜絞り汁　大さじ1
B ┌ ピーマン　2個
　├ エリンギ茸　2本
　└ 赤ピーマン　2個
サラダ油　大さじ1

作り方

① 豚肉はAの材料を合わせたタレに約10分漬け込み、下味をつけておく。
② Bは細切りにする。
③ ①の汁気をきって、②をのせてクルクルと巻き、巻き終わりを楊枝でとめる。
④ フライパンにサラダ油を熱して③の巻き終わりを下にして並べ入れ、転がしながら色よく焼く（写真）。
⑤ ④を一口大に切って弁当箱、または皿に盛り付ける。

豚バラとレーズンのカレーピラフ

鉄分豊富なレーズンは、甘酸っぱさが豚肉とマッチ。
米を透き通るまで炒めることでパラッと仕上がります。

材料　4人分

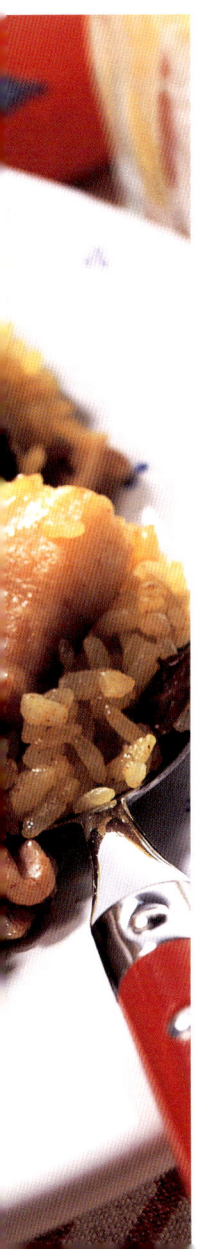

豚バラ肉ブロック　300g
レーズン　40g
米　2カップ
水　2カップ
くるみ　30g
A ┌ サラダ油　大さじ1
　└ バター　大さじ1
B ┌ カレー粉　大さじ1 1/2
　├ スープの素　大さじ1
　└ 塩・こしょう　各少々

作り方

① 豚肉は1.5cm幅の短冊に切る。
② 米は炊く30～40分前に洗い、ザルにあげておく。
③ フライパンにAを熱し、豚肉を炒める。肉のまわりが白くなったら米を加えて透き通るまで炒める（写真）。
④ 炊飯器に③とレーズン、Bと分量の水を入れて炊く。炊き上がったら粗く刻んだくるみを加えて混ぜる。
⑤ ④を器に盛る。

豚肉とゴーヤの炒めもの

ビタミンCたっぷりのゴーヤを使った沖縄料理。炒めるときは短時間で。栄養を壊さずシャキッと仕上がります。

材料　4人分

豚バラ肉ブロック　250g
木綿豆腐　1丁
ゴーヤ　1本
塩・こしょう　各少々
かつおぶし　20g
ラード　大さじ1

作り方

① 豚肉は茹でてそのまま冷まし、約5mm厚さに切る。
② 豆腐は水きりをして、色紙切りにする。
③ ゴーヤは縦半分に切ってワタをとり、薄切りにして塩もみする。
④ フライパンにラードを熱し、豆腐の表面に焼色がつくまで炒める。
⑤ ④に豚肉とゴーヤを加えて炒め、塩・こしょうで味をととのえる。
⑥ ⑤を皿に盛り、上にかつおぶしをのせる。

豚薄切り肉でカリッと春巻き

薄切り肉で作るスピード春巻き。火が通りやすいので揚げるときは皮の色が変わったらすぐ油から上げましょう。

材料　4人分

豚ロース肉薄切り　150g
にんにくの芽　12本
春巻きの皮　4枚
A ┌ 小麦粉　小さじ2
　 └ 水　適宜
揚げ油　適宜
しょうゆ　適宜
辛子　適宜

作り方

① 春巻きの皮は半分に切り、1枚ずつ横長に置く。手前に豚肉を横長に敷き、予め茹でたにんにくの芽をのせて手前から巻く（写真）。
② ①の巻き終わりに混ぜ合わせたAを塗りとめる。
③ フライパンに揚げ油を2～3cm深さに入れて熱し、②を揚げる。
④ 皿に③を盛り、しょうゆ、辛子などを添える。

肉の保存法

　肉を安心しておいしく、そして無駄なく食べるためには保存方法にも注意と工夫が必要です。

　肉は空気中の雑菌やカビ類の絶好のすみ家なので、できるだけ空気に触れないようにすることが肝心。小分けにして、水気をよくふいてからラップなどでしっかりと包み、さらに密閉容器に入れて冷蔵庫に保存すると安心です。こうしておけば傷みにくくなるだけでなく、肉に含まれる水分の蒸発を防ぐことができるので、風味を保つこともできます。

　また、生肉を冷蔵するときは庫内の温度は10℃以下、冷凍庫はマイナス15℃以下に保つのが原則です。冷凍した肉を解凍する場合は調理台に放置せず、使用する半日前に冷蔵庫に移して解凍。すぐに使いたい場合は電子レンジで解凍するとよいでしょう。

＜編集協力：米国食肉輸出連合会（USMEF）＞

　本書の制作にあたり、米国食肉輸出連合会より、食肉の安全管理や豚肉・牛肉のメニュー等について種々アドバイスをいただきました。米国食肉輸出連合会は、米国の畜産及び食肉製品を国際的に広めるために米国の食肉関連企業・団体が設立した米国食肉業界の代表機関です。日本では業界関係各方面や消費者にアメリカン・ミートに関する最新情報の提供やクッキングスクール、セミナーの開催などを行なっています。また、家庭でできる食品の安全な取り扱いなどについても情報発信しています。

米国食肉輸出連合会（USMEF）のホームページ
http://www.usmef-ja.org

著者紹介

赤堀　博美（あかほり　ひろみ）

日本女子大学・大学院家政学研究科食物栄養学専攻修了。同大学家政学部食物学科で講師を勤めながら、フードコーディネーターとしてテレビ番組やCM、食品メーカーのメニュー開発を数多く担当。さらに、赤堀料理学園、赤堀フードコーディネータースクール副校長、管理栄養士として講習会やテレビ番組などで栄養指導を行なっている。著書は「紅茶の味のお菓子」「しっとりシフォンケーキ」（世界文化社）、「赤堀流3分アイディア健康料理」（ブックマン社）、「子どもが喜ぶお酢すすめ料理」（共著・素朴社）などがある。

編集協力　米国食肉輸出連合会（USMEF）
装丁／デザイン　㈲オフィス・カン／前田　寛
　　　　　　　　鈴木　太朗
撮　　影　古島　万理子

―バランスが一番！―
家族にやさしいお肉レシピ

2002年5月30日　　第1刷発行

著　者　赤堀　博美
発行者　三浦　信夫
発行所　株式会社　素朴社
　　　　〒150-0002　東京都渋谷区渋谷1-20-24
　　　　電話：03（3407）9688　　FAX：03（3409）1286
　　　　振替　00150-2-52889
印刷・製本　モリモト印刷株式会社

Ⓒ 2002 Hiromi Akahori, Printed in Japan

乱丁・落丁本は、お手数ですが小社宛お送り下さい。送料小社負担にてお取替え致します。
ISBN4-915513-65-3　C2377
価格はカバーに表示してあります。

心と体の健康のために…

ドクター・オボの こころの体操
あなたは自分が好きですか

オボクリニック院長 **於保哲外**

対人関係や社会との関わりは、自分自身をどう見るか、自分をどこまで評価できるかという「自分関係」で決まると著者は語る。「人間を診る」医療を心がけている著者のユニークな理論と療法は、こころと体を元気にしてくれる。

四六判 上製／定価：本体1,500円（税別）

ストレスも不景気も笑い飛ばして生きようやないか!!

笑いが心を癒し、病気を治すということ

関西大学教授／日本笑い学会・会長 **井上 宏**

免疫力を高め、難病まで治してくれる笑いのパワーは、人間を元気にしてくれると同時に社会の毒素をも吹き払ってくれる。閉塞感漂う現代にこそ笑いが必要だと著者は語る。

四六判／定価：本体1,300円（税別）

イラスト解説

環境ホルモンから子どもたちを守るために

これだけは知っておきたい内分泌障害性化学物質の怖さ

横浜市立大学教授 **井口泰泉** 監修　A5判／定価：本体1,300円（税別）

人間や野生生物にさまざまな悪影響を与えている化学物質から子どもたちを守るために、どの物質にどんな危険性があるのか、その影響を避けるために家庭で何ができるのかをわかりやすく解説。

がんを予防する 食品ガイドブック

栄養学と医学の上からすすめたい食材と調理

女子栄養大学教授 **五明紀春**・女子栄養大学助教授 **三浦理代**

最新の研究成果に基づき、部位別がんを予防するために、何をどう食べればよいかを解説。がん予防に役立つ食材を使った料理のレシピも豊富に収録。食生活を通してがんから体を守るための決定版。

A5判／定価：本体1,500円（税別）